젠틀 위스퍼

내 마음에 속삭여주시는 주님의 세미한 음성

젠틀 위스퍼

글 · 그림 **최세미**

규장

일러두기 _____

성구 인용은 새번역을 사용하였습니다

…는 자기소개.

하나님
제가 책을
어떻게 또 써요?
어떻게 해요ㅠㅠ

…를 무려, 지금까지 나를 통해 책을 세 권이나
쓰게 해주신 예수님 앞에서 걱정하고 있는
내 모습이란….

예수님 죄송해요….
주님의 기적을 매번 직접 경험해 놓고도
온전히 믿지 못한
제 믿음 없음을 용서해주세요….

이번 책도 정말
하나님이 전부 다 하셨습니다ㅠㅠ
하나님만 영광 받으소서!

프롤로그

차례

PART 3
그런데 하나님의 마음을

PART 4
제게 부어주셨네요

에필로그

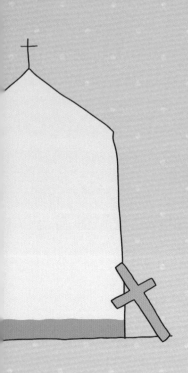

저는
엉망진창이에요

🍎 내 본성

하나님을 믿고 따르고
사랑한다고 고백하다가도,

불쑥불쑥 튀어나오는 내 본모습(성질이 더럽고, 예민하고, 화가 많고, 사람 가리고, 이기적인, 이하 생략)을 마주할 때면…

이건 마치….

예수님이 기껏 내 안에
성령의 9가지 열매를
맺도록
도와주시는데

내가 다
뿌개버리고
내동댕이
쳐버리고
있네···

…라는 생각과 함께 슬퍼진다

난 선하신 하나님의 자녀인데도 여전히 악하구나….

제가 한 이기적인 행동들, 악한 말들, 잘못된 생각들…. 주님은 이미 다 듣고, 보고 계셨죠?

저도 이렇게 못된 제가 싫어요…

예수님 닮고 싶은데 저는 여전히 친절한 것도, 져주는 것도 못 해요….

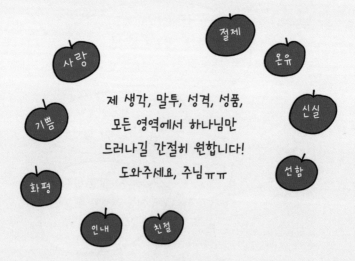

제 생각, 말투, 성격, 성품,
모든 영역에서 하나님만
드러나길 간절히 원합니다!
도와주세요, 주님ㅠㅠ

제 악한 본 모습에 예수님 손을 놔버리는 게 아니라,
두 손으로 전보다 더 꽉 붙잡겠습니다….
주님, 저를 불쌍히 여기시고 온전히 변화시켜 주세요.

성령의 열매는
사랑과 기쁨과 화평과
인내와 친절과 선함과
신실과 온유와 절제입니다.
이런 것들을 막을 법이 없습니다.

그리스도 예수께 속한 사람은
정욕과 욕망과 함께 자기의 육체를
십자가에 못 박았습니다.

우리가 성령으로 삶을 얻었으니,
우리는 성령이 인도해 주심을 따라 살아갑시다.

우리는 잘난 체하거나
서로 노엽게 하거나
질투하거나 하지 않도록 합시다

갈 5:22-26

🍎 나 같은 죄인 살리신

저 같은 죄인을 살리시고
더러운 제 성품을 만져주시고,
제 성품을 바꾸시는 과정도
사랑으로 인내해주셔서 감사해요…

하나님….
저 여전히 이 모양이지만
포기하지 말아주세요(제발).
제 타고난 기질도, 성향도, 못 돼먹은 성품도
하나님 사랑으로 변화시켜 주시고,
다른 사람의 부족함도
하나님이 주시는 사랑으로 인내할 수 있도록
저 좀 바꿔주세요ㅠㅠ

보이지 않는 예수님보다
보이는 것에 더 의지한 것을
용서해주세요…
예수님만 엄청 믿고 의지하고 싶어요.
제 마음을 예수님으로만 채워주세요…

하나님과의
개인적이고 실제적이고
지속적인 사랑의 관계를 놓치면
'사람은 의지할 대상이 아니라
사랑하고 섬겨야 할 대상'이라는
사실을
자꾸 잊게 된다.

🍎 내 마음만 살피던 내게

마음에 안 들어…

진짜 별로다.

쌩깔까?

다른 데로 옮길까?

예수님만이 삶의 주인이심을 믿고 따르는 그리스도인은
모든 판단과 결정의 기준을 하나님께 둔다.
내 감정과 내 취향에 따라서 정하는 게 아니라,
하나님의 지혜와 능력이 있는 성경 말씀에 따라서 정한다.
하루종일 주어지는 수많은 선택 속에 살아가면서
단 한 번도 제대로 기도하지 않고 내 기준대로 결정한다면,
여전히 내가 삶의 주인임을 부정할 수 없다.

우리가 진짜 그리스도인 되게 하소서!

🍎 나도 쟤도 사랑하시는 주님

이 부족한 제가
하나님께 쓰임 받게
해주시다니♡

베드로가 이 제자(요한)를 보고서, 예수님께 물었다.
"주님, 이 사람은 어떻게 되겠습니까?"
예수께서 말씀하셨다.
"내가 올 때까지 그가 살아있기를 내가 바란다고
한들, 그것이 너와 무슨 상관이 있느냐?
너는 나를 따라라!" 요 21:21,22

맞아요, 주님. 저는 주님만 따르겠습니다!
교만한 저를 용서해주세요ㅠㅠ

🍎 ~라고 말해야 하는데

…라고 언제 말하지…?

하나님… 믿음에 행동이 따르듯,
이웃사랑을 속으로만 하지 않고
표현하도록 도와주세요.

예수님께 간구합니다.
주께서 쓰시는 데에 방해되는
제 안의 모든 것을 바꿔주소서.

뭐라고 기도해요?

너무 힘들어 죽을 것 같은데
어떻게 기도해야 할지도
잘 모르겠어요.,

도와주세…

…요

라는 말을
그대-로 하나님께
하면 돼요.

우리의 작은 신음소리도 듣고 계시는 하나님께,
우리의 마음을 전부 쏟아내라!

하나님, 제 얘기
듣고 계시죠?
제가 지금 마음이
어쩌구 저쩌구…

우리는 그렇게 기도를 통해
주님과 행복한 관계를 맺으며
살아갈 수 있다.

이런 죄인의 기도를 들어주실까…?

이 땅에 죄인이 아닌 사람이 없는걸…

그래도 난 너무 더러운 죄인인데…???

나도 마찬가지야, 그래서 예수님이 와주셨잖아…

아니 근데 나는 진짜 죄…

그 입을 다물고 예수님께 터뜨리시오

🍎 속지 마세요

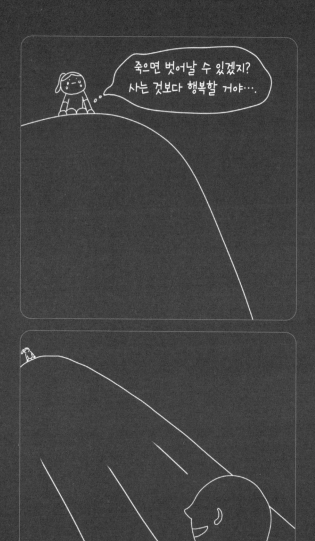

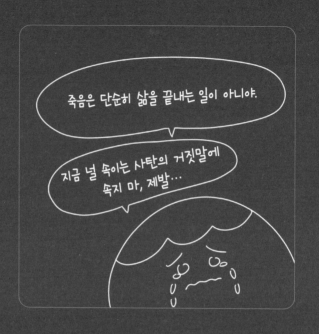

속지 마라 나의 자녀야…
널 위해 내가 모든 것을 바쳤단다.
내게 오렴… 내게 와 줘 제발…

죽고 싶어 하는 누군가에게

세상에서 절망하고 절망하다가,
그 절망을 끝내기 위해 찾은 길이 죽음이라는 당신을 보며
눈물로 통곡하고 있어요….

제 안에 계신 예수님은
더 슬프게 울고 계세요….

단순히 당신이 세상에서 없어져서 슬퍼하는 게 아니에요.
단순히 당신을 못 본다는 그리움 수준의 이유도 아니에요.

이 세상에서의 삶이 전부라고 착각하게 하는
사탄의 거짓말을 듣지 마요….
예수님이 이 땅에 다시 오시면
모든 잠자던 죽은 자들이 살아나서
예수님 앞에서 심판을 받게 돼요.

사탄은 우리를 그들과 같이 불바다에 떨어지게 하려고
기를 쓰고 당신을 죽게 하는 거예요.
어떻게든 예수님을 못 만나게 하려는 거예요.

이 세상에서의 삶이 끝나면
예수님이 온전히 통치하시는
새 하늘과 새 땅이 열려요(계 21장).
진짜 평안을 주시는 예수님께로 와요.
절망을 끝내는 길은 죽음이 아니에요.
절망을 끝내는 길은 예수님 한 분밖에 없어요.

…라는 착각 속에서,
예수님 없는 종교인이 되지 않게 하소서.
주일에는 '모이는 교회'로,
월화수목금토요일에는 '흩어지는 교회'로서
살아가게 해주세요.
예수님의 십자가에 감사하며 눈물 흘려놓고,
삶에서 제가 져야 할 십자가는 버린 채
스스로 만든 기준으로 예수님의 제자라며
착각에 빠지지 않기를 기도합니다 ㅠㅠ
제 삶의 모든 영역에서 예수님만 주인 되어주세요!
예수님의 이름으로 기도드립니다. 아멘.

우리는 교회 건물에서 종교 생활하는 사람이 아닙니다.
우리는 교회 자체가 되어야 합니다.

🍎 쟤를 사랑하려면

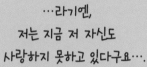

…라기엔,
저는 지금 저 자신도
사랑하지 못하고 있다구요….

저 자신도 제대로
사랑하지 못하는데
남을 어떻게 사랑해요….

아니야, 예수님이 제자들에게
"서로 사랑하라, 내가 너희를 사랑한 것같이
너희도 서로 사랑하라"라고
하셨잖아!

우리는 하나님의
무조건적인 사랑을 받았어!
그니까 하나님이 우리를 사랑하신
것처럼 사랑하면 돼!

무조건적인 사랑은
우리 안에서 나오지도 않고
우리 힘으로 할 수도 없어.
하나님께 받는 거지!

아!
하나님이 나를
사랑해주신 것처럼!

하나님…. 하나님의 무조건적인
어마어마한 사랑을, 그렇게나 매 순간
듬뿍 받아왔으면서 제가 남들을
사랑해야 할 때는 이것저것
사랑하지 못할 이유만 갖다 댔네요….

사랑 못 함을 정당화(!)해서 죄송합니다.

제 힘으로 사랑할 수 없음에 좌절하는 게 아니라,

하나님이 듬뿍 주신 그 사랑으로 사랑하는 것임을

기억하겠습니다.

하나님이 저를 사랑해주신 것처럼,

저도 (미워서 포기하고 싶던) 그 사람을 사랑하고,

주 안에서 하나 됨을 기뻐하게 해주세요!

🍎 예수님의 제자임을

내가 너희를 사랑한 것같이, 너희도 서로 사랑하여라.
너희가 서로 사랑하면, 모든 사람이 그것으로써
너희가 내 제자인 줄을 알게 될 것이다.

요 13:34,35

나를 통해 예수님이 드러나려면,
그리고 세상이 내가 예수님 제자임을 알려면,
누구에게든 사랑으로 대해야 하는데
내 자아가 너무 강하다….
근데 강해봤자 하나님보다 강하겠니?
"예수님의 이름으로 자아놈아 부서져라!!!"

🍎 진짜 용서

하나님,
저 정말 그 사람
용서 못 해요!!

그런데…

용서는 제 힘으로
못하니까, 저 일단
한 시간만 그 사람
욕 좀 할게요 ㅠㅠ
제 얘기 좀 들어주세요 ㅠㅠ

제게 필요한 사랑도,
용서의 마음도,
상한 마음의 치유도…
전부 다 하나님께
맡깁니다….

으아 주님!!!
열받아요!!!!! 엉엉

"하나님! 저 한 시간만, 딱 한 시간만 화낼게요,
제 얘기 좀 들어주세요!!!!
그리고 한 시간 뒤 이 기도가 끝날 때쯤에는
하나님의 마음만 받을게요.
저를 위해 말씀해주신 그 용서를,
하나님이 이뤄주세요!!!"

기도하며 진짜 온갖 유치한 말로
하나님께 내 안에 분노를 쏟아냈다.
하나님께 풀어놓지 않은 채 "아름다운 용서…"
나는 못 한다.
표면적인 용서 말고, 진짜 용서를 하기 위해선
하나님께 질질 짜며 내 마음부터 치유 받아야 했다.

그렇게 솔직한 마음을 다 내어놓고 기도하고 나면,
도저히 내 속에선 나올 수 없는 평안함과 긍휼한 마음이 생긴다.

하나님의 마음을 받지 않으면
어찌 내가 용서하고
어찌 온전히 사랑하리.
주는 나의 피난처 되십니다.

충성을 드리고 싶어요

하나님, 저
성실하기 싫은 것도,
충성하기 싫은 것도 아니에요…!!

하나님께서 성실히
살라 하신 대로
성실하고 싶고,
제가 드릴 수 있는
최선의 충성을
다 드리고 싶어요!!

떼라도 성실히 쓰게 해주셔서
감사합니ㄷ …(머쓱)

성실한 것도, 충성하는 것도
하나님의 도우심이 간절히 필요합니다!
주여, 저를 불쌍히 여기소서!
게으름아, 예수님의 이름으로 썩 물러나랏!

회개일까, 후회일까?

지금 나는
회개를 하고 있는가,
후회를 하고 있는가.

🍎 하나님은 어떠신가요 I

하나님!!
제가 하나님을 위해
이 일을 하겠습니다!!

주님보다 앞서지 않겠습니다.
주님만이 저를 이끌어주세요.
일의 결과물보다,
주님과 더 친밀해지고
주님을 더욱 알게 되는 것이
더 중요함을 알려주셔서 감사합니다.
저와 교제하기를 기뻐하시는
주님을 찬양합니다.

🍎 하나님은 어떠신가요 2

하나님!!
제가 하나님을 위해
이 일을 하겠습니다!!

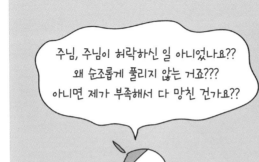

발을 내딛기 전에 주님께 여쭤보고,
한 걸음 내디디고 또 여쭤보고,
다음 걸음 전에 여쭤보고,
또 한 걸음 걷고 또 여쭤보는 삶을 살기 원합니다!

제 맘대로 나대지 않고,
제 맘대로 좌절하지 않기 위해
매일 말씀으로 하나님 마음을 받고,
기도로 하나님께 물으며
그렇게 하나님과 동행하는 삶을 살도록 도와주세요!

저는
믿음도 부족해요

📖 기도를 하면

다만 기도를
쉬지 않는다면
이런 일들에 쉽게 굴하지
않을 단단한 마음을
가득 부어주시겠지?

지금 기도해도 돼^^
늦지 않았어♡

괜히 딱 기도 안 한 날, 온갖 일이 엉키면
'역시 기도 안 해서 그런가…' 싶을 때가 있다.
사실은
'기도를 안 해서 안 좋은 일이 생겼나 봐'가 아니라,
'기도를 쉬지 않았다면 하나님의 마음을 받고
하루를 시작했을 텐데…'가 맞다.
사람의 마음을 바꾸시는 하나님은
어떤 상황에서도 내가 이겨낼 힘을 주시고,
어떤 일에도 결국 감사하게 해주시니까.

📕 내 기도는 언제 들어주실까?

하나님이 내 기도는 언제 들어주실까?

'하나님이 도대체 내 기도는 언제 들어주실까?'라는
질문 속의 본심은
'도대체 내가 원하는 대로는 언제 되는 거야?'였다.
'하나님은 언제나 내 기도를 듣고 계시는 분'이라는 사실은
망각한 채 믿음 없는 말만 나온다면, 입을 막아야 한다.

믿음 없는 말로 하나님의 일하심을 의심해 온 저의 죄를
용서해주세요. 하나님의 때보다 '내가' 원하는 때에
'내가' 원하는 대로되기를 갈망하며 불안해하던 제 모습을
주님 앞에 내려놓습니다. 주님, 저를 불쌍히 여겨주세요…

📖 걱정하는 내게 필요한 건

그렇게, 복잡한 마음과 혼잡한 생각들을
가득 안고
주의 이름을 불렀더니,

저는 주님이 필요합니다…
저는 주님이 더욱 필요합니다…
다 필요 없고 저는 지금
주님이 너무 필요해요….

라는 기도와 함께
서러운 울음이 터져 나왔다.

하나님은 내게,
기도가 내 힘과 내 생각으로 하는 게
아님을 알려주셨고,
지금 나는 어떤 걱정들의 해결보다,
주님 그 자체가 필요한 것임을 알려주셨다.

내 영혼이 지금 주님이 너무나 필요했다는 걸
기도하고 나서야 알았다.
온갖 걱정에 무슨 기도부터 해야 하나
혼란스러워하던 중에
주님의 이름을 입 밖으로 부르자마자,
하나님은 내 마음을 만지시고 주님을 찾게 하셨다.
정말 주님이 필요해서 엉엉 울었다.
온갖 걱정하던 걱정거리들을 양손으로 다 내팽개치며
주님을 찾았다.
그게 지금 내가 해야 할 일이었다.
영혼의 갈급함을 돌아보지 않은 채 일에만 집중하던 나를
하나님은 또 그렇게 따뜻하게 만나주셨다.

사랑하는 예수님,
저는 주님이 더욱 필요합니다.
주님만 필요합니다….

 꽉 잡아

📖 노아처럼

하나님께서,

큰 홍수로 심판할 것이니
방주를 지으렴!

라고 말씀하시면,

네 주님!

납득이 안 가도 순종하는 것이
진짜 믿음이라고,
그렇게 하겠노라고 고백해 왔건만….

내게는 아직도 눈에 보이는 상황이
하나님보다 더 컸다.

아무리 봐도

너무 맑은데…?

그때마다 하나님은 내게,
눈에 보이는 것을 믿지 말고
하나님의 말씀을 믿으라셨다.

하나님…
근데 그게 너무 어려워요….
분명 상황보다
하나님이 더 크신데…

분명 그렇게
믿는데…

막상 하나님께서
제게 믿음을 요구하실 때
온전히 드리지 못해서 죄송해요….
"나는 잘하겠지", "나는 안 그럴 거야"라고
생각했던 교만한 저의 죄를,
"하나님 그걸 어떻게 믿어요…?"라며
의심하던 저의 믿음 없음을,
다 용서해주세요….

구름 한 점 없어도, 하나님이 비를 내리겠다 하시면
우산을 준비하는 믿음을 구합니다. 상황은 전혀 바뀔
기미가 보이지 않아도 하나님이 바꾼다고 하시면
곧이곧대로 믿는 믿음을 갖길 원해요.
하나님이 제게 믿음을 요구하실 때, 기꺼이 드리는
믿음을 제게 허락해주소서….
노아처럼, 아브라함처럼, 이삭처럼, 다윗처럼
하나님께 무조건적인 믿음을 드리고 싶어요.
믿음 없는 저를 불쌍히 여기소서….

#믿음은 #기다림

📖 믿음의 반대말은

"믿음"의 반대말은,

☐☐☐☐☐ 이다.

우리는 믿음으로 살아가지,

보는 것으로 살아가지 아니합니다.

고후 5:7

📓 난 쓰레기야

절망한 채 믿음없는 말만 하던 내게 들려주신
따뜻한 성령님의 위로…(는 남편의 귓속말…)

#하나님이쓰실#애기

하나님이 쓰시는 한, 쓰레기는 없지.
그런데도 반복되는 실패로,
스스로를 쓰레기라 부르면서
쓰레기통에 자꾸 기어들어 가려 한다면

"난 '쓰레기'가 아니라 하나님이 '쓸 애기'야.
애기라서 실수했지만 하나님이 쓰실 거니까
반드시 성장시켜 주실 거야.
주님, 저 계속 키워주세요!!!
믿음도, 영성도, 좋은 성품도, 전부 다요!"

라고 기도해보자.
(라고 다짐해봅니다…)

📖 외모에 좌절할 때

하나님…. 저는 항상
제 외모 때문에 좌절해요….

살이 찐 제 모습을 보면 한심하고 절망스럽고…
다 망한 것 같아요…

바지가 …
안들어가네…?

하나님은 겉모습이 아닌
중심을 보시는 분(삼상 16:6)임을
믿는데도 불구하고,

여전히 제 행동은
보이는 것에 얽매여 있고
세상의 기준으로
저 자신을 판단해요.

하나님께서는 언제나
먼저 하나님의 나라와 하나님의 의를 구하라(마 6:33)는
마음을 주시는 데도

…라는 말도 안 되는 논리로 빠져버려요.

…라는 말 뒤에는

…라는 강박적인 본심이 가득해요.

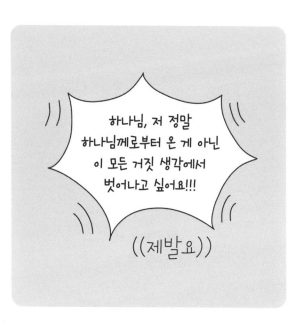

제 삶의 1순위를
예수님이 아닌 것으로
가리려고 안간힘을 쓰는
사탄의 계략이
예수님의 이름으로
와장창 무너지기를
기도합니다!

벗어나고 싶어 죽겠으니까
죽을 만큼 기도할게요….

📔 자꾸 두렵고 불안해요

어떡하지!
자꾸 두렵고
불안해!!!

긍정적인 감정은 받아들이고
부정적인 감정은 무시하는 게
믿음인 건 아니야.
그런 상황에서 불안하고
두려움을 느꼈다면,

그 감정을 그대로 내게
가지고 나아오렴!

감정은 하나님이 주신 선물이라고 하셨다.
긍정적인 감정은 인정하고
부정적인 감정은 무시해버리면
결국 육체와 영혼 전체에 병이 난다.

모든 감정에는 이유가 있다.
내가 느끼는 감정을 돌아보고 인정해줘야 한다.
'아, 그랬구나!
상황이 이러해서 내가 화가 나는구나,
슬프구나,
두렵구나,
우울하구나…'

늘 긍정적인 감정만 가질 순 없다.
삶은 다채로우니까!

스스로 나의 감정을 존중해줘야
다른 이의 감정도 돌봐줄 수 있다.

그러니까 지금 그 상황에서 가진 그 마음이,
믿음이 없어서 그런 게 아니라,
이유가 있어서 느끼는 감정인 거다.
그냥 무시하지 말고 하나님께 들고 나가자!

"하나님!!!!!!!!!
저 너무 서러워요!!!
열심히 했다고 생각했는데 잘 안돼서 속상하고
그래서 이제 다른 일조차 자신이 없고 두려워요!!!
하나님, 제 감정이 지금 이러해요….
하나님 듣고 계시죠….
제 상한 마음을 만져주세요….
제 마음에 찾아와 주세요….

주님이 너무 필요합니다…."

📕 할 수 있음이라

하나님이 모세에게
이스라엘 백성을 애굽 땅에서 인도해내라고 하실 때,
모세는 못 한다고 못 한다고,
제발 자격 있고 능력 있는 사람을 보내시라면서
이런저런 핑계를 댔다(출 4장).

하지만 하나님은 모세가 어려워하는 부분을
다 채워주셨고,
방법까지도 다 알려주시면서
정말 크신 능력으로 함께해주셨다.

출애굽기를 묵상하면서
모세가 바로 왕 앞에서 일으킨 열 가지 재앙은,
물론 하나님이 이스라엘 백성을
구원하시려는 계획 중 한 부분이었지만,
결국, 믿음이 부족했던 모세가
온전히 하나님을 믿을 수 있도록 마련해주신
"신뢰 만들기 프로젝트(!)"가 아니었을까…
하는 마음이 들었다.
모세를 통해 열 번의 재앙을 일으키게 하시고
멈추게도 하셨으니, 모세의 믿음은
계속 계속 계속 키워졌으리라.

나의 못 함을 인정하는 게 겸손이 아니고
나의 못 함을 고백하고 하나님께 맡겨드리는 게
진짜 겸손임을 알려주셔서 감사합니다.

주님 저 사랑하시는 거 맞져

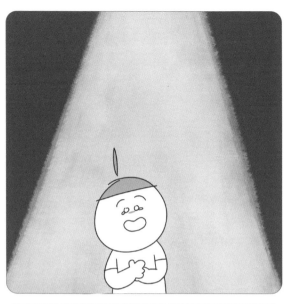

매일 새롭게 공급받는 하나님 말씀으로 살아갑니다.
어제 받은 은혜로 오늘을 살아가기엔
제 죄성이 자꾸만
주님이 주신 기쁨을 앗아가 버려요….
매일매일 새로운 하나님의 음성을 듣기 원합니다.
오늘 새롭게 또 말씀하소서.
오늘 주시는 그 사랑으로
제가 기뻐하며 살아가게 하소서!

어제 받은 은혜로, 지난주에 받은 은혜로
오늘도 충분히 살아갈 수 있다고 속여대면서
하나님과의 매일의 교제를 방해하는 사탄은
예수님의 이름으로 끊어질지어다!
아멘, 아멘, 아멘!

이럴 땐 어떻게 해야 하지?

예수님만 의지하고 있다고,
예수님이 나의 주인이라고
스스로 굳게 믿고 살던 자의 현실….

주님, 용서해주세요….
감히 제가,
주님이신 하나님을 최후의 보루로 여겼습니다.
언제나 주님은 제게 먼저 관심 가져주시고,
먼저 찾아와 주시고 그렇게 사랑해주셨음에도,
저는 주님이 마지막이었음을 자백합니다.
주님, 용서해주세요.
언제나 주님이
제 삶의 1순위가 되도록 도와주세요….

한눈팔지 않게 하소서!

남이 대신해주는 묵상 말고

기도로 주께 여쭐 때마다, 내 판단과 내 생각과
내 추측들로 시끄러워서 당최 하나님의 음성을
분별할 수가 없는 괴로운 시간을 보냈었다.

기도할 때마다 답답했다.
하나님이 내 기도를 듣고 계신 것에는
의심할 여지가 없었는데도
'왜, 하나님 응답이 안 느껴질까? 왜 안 들리지?
나 왜 잘못 듣고 있지?
하나님이 하신 말씀이 아니었나?
왜 분별이 안 가지?'라는 생각에 좌절했다.

상황이 기도한 대로 풀리지 않는다는 사실보다,
내가 지금 하나님 음성을 제대로 못 듣고 있다는
사실에 '진짜 큰일 났다' 싶었다.
다시 주님을 전심으로 부르짖고 나아가니
하나님이 말씀을 묵상하라셨다.

그래서 '하나님, 저 매일 새벽에 예배드리고
말씀 읽는데요…?!' 했더니
'목사나 다른 사람이 묵상한 말씀이 아니라,
너의 온 마음을 하나님께 집중해서
네가 ☆직접☆ 묵상을 하라'셨다.

하나님은 목사님을 통해서도 내게 말씀하고 계시지만,
내가 직접 성령님을 구하기를 바라셨다.
남이 풀이해주는 말씀으로
하나님과 간접적으로 교제하는 게 아니라,
내게 직접 말씀하시는 하나님과
직접적이고도 친밀한 교제를 누리기를 바라셨다.

다른 사람이 오랜 시간 동안 하나님과 깊이 교제하며
묵상한 말씀을 (대충) 듣기만 해놓고,
제가 그 말씀을 깊이 묵상했고
하나님과 오래 교제했다고 착각했어요….
주님 말씀에 순종하여
말씀 앞으로 다시 나아가기 원합니다.
성령님의 인도하심으로,
말씀을 통해 제게 직접 말씀하시는 하나님을
만나게 해주세요.
말씀을 깊이 묵상하고
하나님과 오랜 시간 교제하며
하나님의 마음을 들을 수 있도록
저와 함께해주세요!

그런데
하나님의 마음을

🩶 예수님으로 존귀한 존재

나의 자녀야,
넌 이미 나로 인해
충분히 존귀한 존재란다!

내가 이미
세상을 이겼으니
승리자의 자녀로 살아가렴!

끝까지 나와 동행하며
믿음을 지켜낸 너에게
영원한 생명을 줄게!

천국으로 가는 유일한 길 = 예수 그리스도☆

☆예수 그리스도☆ 외에 다른 구원의 길은 없습니다.
같이 끝까지 믿음을 지킵시다,
주 안에 하나 된 형제자매님들!!
또한 함께 전파합시다, 이 귀한 복음을!!!

내 사랑을 나누어주렴

단 한 명의 영혼이라도
날 위해 포기하지 말아주렴…
악인이라 한들,
자신의 죄를 돌이켜 회개하고
내게 돌아온다면,
난 그들의 죄를 더 이상
기억하지 않는단다!

나 주 하나님의 말이다. 내가 내 삶을 두고 맹세한다.
나는, 악인이 죽는 것을 기뻐하지 않고,
오히려 악인이 그의 길에서 돌이켜 떠나 사는 것을 기뻐한다.
너희는 돌이켜라. 너희는 그 악한 길에서 돌이켜 떠나거라.

겔 33:11

악인이 처벌받는 것보다 돌이키는 것을 훨씬 기뻐하시는
하나님 아버지 마음을 기억하며
한 영혼도 포기하지 않고 끝까지 섬기게 하소서….

💕 요나를 쓰신 이유

게다가 하나님이
사랑하시는 영혼에
긍휼한 마음과 사랑보다는
정의와 공의만 따질 때가
많아요…

하나님,
저는 믿음도 부족하고
걱정도 많고 성질도
더럽고 짜증도 많아요.

요나는 선교사로서
준비되지 않았지만,
내가 용서하기를
얼마나 기뻐하는지
알고 있었어!

은혜롭고 자비로우신,
좀처럼 노하지 않으시며 사랑이 한없는
하나님(욘 4:2)의 마음 알기를,
그 사랑 더욱 알기를 기도합니다.

진정한 회개와 뉘우침을 받으시고
용서하기를 기뻐하시는
하나님의 마음을 제게 주소서.

💕 비교 아닌 교제

그래서 나는 하나님께만
집중하기로 했다.

내가 아닌 하나님이 하셨음을 고백했음에도
'나보다 월등히 잘한다'라는
눈에 보이는 사실에 좌절했다.
애초에 하나님이 하셨다고 고백해놓고
내 하찮은 실력에 좌절한 게 아이러니(모순)지만,
이마저도 하나님께 솔직히 고백하니
내 시선을 바꿔주셨다.

초점이 잘못 잡힌 내 시선이
온전히 하나님과의 교제에만 집중되도록….

하나님께서 제게 바라시는 대로
아무 걱정하지 말고
주님과의 교제에만 집중하게 해주세요!

💕 잘하라고 한 적 없단다

찾고 찾고 또 찾고 징징대도,
단 한 번도 내치지 않으시고
날 사랑해주시는 주님….
그 사랑 내 안에 고이지 않고
사방으로 흘러넘치길 기도합니다….
예수님, 사랑해요ㅠㅠㅠ

💜 진짜 위로

별것도 아니라고 생각하던 게
내 생각을 다 차지해 버리고선
나를 웃게도 하고 울게도 하고 좌절하게도 하고
기쁘게도 했다.

"이게 진짜 위로일까?
내가 생각하는 해결책이 진짜 나를 위한 걸까?
그럼 왜 하나님은 내게 그 해결책을 안 주시지?
해결해주시면 날 진짜 사랑하는 게 아닐까?
사랑하신다고 해놓고 왜 나는 아직도
내 문제에서 못 벗어났지?
식탐도, 외모에 대한 좌절감도, 취업도, 결혼도, 재정도,
왜 해결해주지 않으시지?
해결해주는 게 진짜 사랑 아니야?
내가 하고 싶은 대로 다 하게 해주는 게 사랑이지!"

…라는 거짓말에서 벗어나게 해주신
하나님의 은혜에 감사드립니다ㅠㅠ

어리석은 제게 찾아와 주신 하나님을 찬양합니다 ㅠㅠ

진짜 해결책은 하나님을 아는 것이었고
진짜 위로는 하나님 안에 거하는 거였고,
진짜 사랑은 예수 그리스도 그분 자체이셨습니다.

이 땅의 삶이 전부가 아니에요.
그래서 대충 살자는 뜻도 아니구요.
이 땅에서 주님 안에서 기뻐하며
주님만 의지하고 주님께 충성하며,
내가 하고 싶은 대로가 아니라,
하나님이 원하시는 대로 살아가는 게
진짜 사랑입니다 ㅠㅠ(진심)

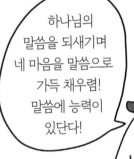

"너의 영이 내 안에, 나의 영이 네 안에 머무르면,
눈에 보이는 상황이 주 너의 하나님인
나보다 절대 크지 않음을 온전히 믿게 될 거야!"

나는 사랑하는
나의 자녀를 절대로
포기하지 않는단다!

날 찾고, 구하고,
믿으렴!!!

주님….
저는 보이는 것에 쉽게 휘둘리고,
보이지 않는 하나님을 온전히 믿는 믿음이
너무 부족합니다.
보이지 않는 주님께 간절히 기도드리는 이 시간조차도,
성령님의 도우심 없이는 온전히 집중하기도 어려운
연약한 존재입니다ㅠㅠ
주님, 도와주세요….
아버지와 교제하는 이 귀한 기도 시간에도,
말씀을 묵상하는 중에도,
제게 하나님 영을 가득 부어주세요…!
보이지 않는 하나님을 더 크게 믿는 믿음을 매일 매 순간!
구합니다!
예수님의 이름으로 기도합니다! 아멘!

♥ 하나님이 말씀하시는 성공

세상은,

천 명이 쓸 것을 나 혼자 쓰게 되는 것이
"성공"이라고 말하지만,

우리 하나님은,

천 명의 사람들을
성공시켜주는 게
"진짜 성공"이라고
말씀하신다.

"너부터 잘되게 해주겠닷!"

-세상이 아닌 하나님 말씀 듣기

-하나님의 자녀답게 진짜 성공하길

죄와 죄인

세상 사람들과 같이 죄는 좋아하면서 죄인은 저주하고,
드러난 죄인들을 비난함으로써 자신은 죄인이 아닌 척
"나는 적어도 그런 죄는 안 지었노라"고 떳떳해하며
죄지은 자에게 비난의 돌을 던지고 있는
저희의 모습을 돌아봅니다.

무엇이 진리인지, 누가 심판자인지 잊은 채,
스스로 죄인을 심판할 만한 자격이 있다고
착각하며 살고 있는 저희의 모습을 돌아봅니다.

절대로 용서할 수 없는 죄인이라고 낙인찍으면서,
심판자이신 하나님도 하지 않으시는
비난과 정죄와 저주를 퍼부어대지만,
사실은 자신도 하나님 앞에서 똑같은 죄인임을
까맣게 잊고 사는 저희의 모습을 돌아봅니다.

저희의 더러운 추악함과 연약함을 용서해주세요….
간음한 여인을 돌로 치지 않으시던
예수님의 마음을 저희에게 주시옵소서.

210

주님, 제가
얼마나 이기적이었는지,
하나님이 아닌 다른 것에
얼마나 의존적이었는지
알려주셔서 감사해요.

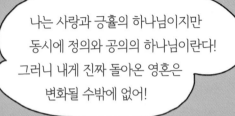

나는 사랑과 긍휼의 하나님이지만
동시에 정의와 공의의 하나님이란다!
그러니 내게 진짜 돌아온 영혼은
변화될 수밖에 없어!

나와 함께
이 영혼의 구원을
기뻐하자!
이로써 너의 변화도
보게 될 거란다!

'나 하나님 만났어!', '나 교회 다녀!', '나 기도했어!',
'나 응답 들었어!', '나 용서받았어!'
그것은 '이제 됐다!'가 아니라, 이제 '시작'인 거다.

다른 사람의 변화는 눈에 쌍심지를 켜고 요구하면서
정작 나 자신의 속사람은 옛사람 그대로였던 내게,
예수님은 어찌 그리 사랑으로 알려주시는지….
나의 변화를 위해 성령님이 내 안에서 일해주심을
저 스스로 방해하지 않기를 기도합니다 ㅠㅠ

💕 주님 마음 내게 주소서

기도하면서 하나님의 마음을 받기 전까진,
나 같은(=분노 많은) 사람이
이렇게 눈물로 기도하게 될 줄은
전혀 몰랐지….

💕 거룩한 예배

하나님께만 영광 돌리는
거룩한 예배는

성령에 사로잡혀
영과 진리로 드리는
예배예요.

하나님과
아~무 상관없는
껍데기일 뿐이에요.

하나님이 받으실 영광을 가로챈 채,
자기 자신을 예배하고 있는 건 아닌지,
하나님께 드리기 위함보다
사람을 기준으로 예배하고 있는 건 아닌지,

정말 돌아보고 회개해야 해요!

내가 주일 전날부터 얼마나 예배를
사모하며 기도로 준비하고 있는지,
그리고 매 주일, 주의 성령이
나를 주의 보좌 앞으로 인도하시는
예배를 드리고 있는지

회개하고 진심으로 갈망해야 해요!

하나님께서 우리를 창조하시고
구원해주신 원래의 목적대로,
우리가 하나님만 찬양하고
그분께만 영광 돌리기를,

한국 교회가, 우리가,
하나님 없는 예배에서 돌이키길
간절히 기도합니다….

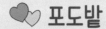 **포도밭**

마태복음 20장을 계속 묵상할 때
'와, 진짜 다행이다.
너무 감사한 일이야!'라는 마음을 주셨다.
우리 주님은 참으로 선하신 분이시다ㅠㅠ

가족들, 친구들, 지인들, 한국의 많은 영혼들,
더 나아가 세계 곳곳의 "잃어버린 영혼들"을 위해
끊임없이 기도해야 하는 이유는
우리 주님을 위해, 그리고 그 영혼들을 위해서인 것도 맞지만,
결국은 그들을 사랑하는 마음을 하나님께 부음 받음으로 인해

내 마음에 부당함이 아닌 감사함이,
불공평함이 아닌 평강이,
질투심이 아닌 사랑이 가득
넘치게 하기 위함이 아닐까?

하나님께 사랑하는 마음을 받은 이들은
내 희생을 계산하지 않게 되고
그저 사랑으로 다 덮어버리게 되니까….

결론은, 하나님은 항상 선하시고
우리는 끊임없이 기도함으로
하나님의 마음을 받아야 한다는 것!

🖤🤍 하나님의 관심은

주님….
저희는 시야도 좁고 한 치 앞도 모르는
어리석은 존재들이라,
당장의 시련이 영원할 거라는 생각에
죽을 것같이 힘들어하고 좌절합니다.
어떤 시련보다 크신 능력의 하나님,
저희가 시련의 어려움이 아닌
하나님을 바라보길 원합니다.
시련의 한가운데에서 하나님을 단지
문제 해결사로 여기던 죄를 용서해주시고,
하나님이 저희를 내버려 두고
혼자 시련을 이겨내라고 하시는 매정한 분이라고
착각한 죄를 용서해주세요….
매서운 시련의 한가운데에서도
선하신 하나님을 믿는 믿음을 구합니다.
저희를 절대 혼자 내버려 두지 않으시는
하나님의 사랑을 믿길 원합니다.

🩵 빛의 자녀로

내가 만든 동굴 안으로 도망친 채,
내 실수와 잘못들, 그리고 받은 상처들을 곱씹으며
'더 이상 관계를 맺지 않고 살아가겠다'던 내게
하나님이 찾아와 말씀해주셨다.

"나는 널 절대 어둠 속에 두지 않을 거란다.
너는 빛의 자녀답게,
세상 속에서 빛을 내며 살아갈 거야!
나를 믿으렴!!"

제게
부어주셨네요

🪶 사랑

하나님…. 사랑해요♡

비록 제 사랑은,

하나님이 저를 사랑하시는 만큼,
저도 하나님을 사랑하게 해주세요♡

#늘#매순간#언제나

🍂 내 사랑이 다 이긴단다

주님-!

아멘, 믿지 말고 믿게 하소서!

🍃 나는 그리스도인입니다

나는 예수님을 주님으로 믿는 그리스도인이다.

머리 되신 예수님을 따르는 몸 된 교회의 한 일부로서 형제자매들과 교제하고

매일 하나님 말씀을 묵상하고 기도함을 통해 하나님과 교제하고

반드시
기필코
기어코
꼭......

다짐하지만 매일 무너지고

또 다짐하지만 상황에,
내 욕심에,
다시 또 무너지는

또 또
또!!!

예수님 없이는
단 한 순간도
의로워질 수 없고
매 순간 예수님이 필요한,

하나님께 드리는 믿음의 결단을 기쁘게 받아주세요ㅠㅠ
제 의지로 변화되는 건 불가능하오니
예수님께서 도와주세요ㅠㅠ
자꾸 실패하고 무너지고 죄에 넘어지는 못난 종이지만
예수님의 도우심으로 주님께만 순종하는
착한 종 되길 원합니다…

믿음을 지켜내고 말씀대로 살아내면서
원수마저도 사랑해내려는 수고와 고통의 결단 속에
예수님의 도우심이 간절히 필요합니다…

🕊 회개

저를 위해 죽기까지
순종하신 예수님…
십자가 그 사랑….

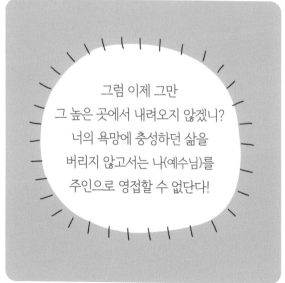

그럼 이제 그만
그 높은 곳에서 내려오지 않겠니?
너의 욕망에 충성하던 삶을
버리지 않고서는 나(예수님)를
주인으로 영접할 수 없단다!

예수님, 말뿐인 회개로
여전히 멸망의 길을 향하던 저를
구해주셔서 감사해요 ㅠㅠ
예수님이 원하시는 삶을 기꺼이
선택하고 살아내겠습니다!

#낮은 곳으로
#우릴초대하네
#함께하자고_말씀하시네

요한은 자기에게 세례를 받으러 나오는 무리에게 말하였다.
"독사의 자식들아, 누가 너희에게 닥쳐올 진노를 피하라고
일러주더냐? 회개에 알맞는 열매를 맺어라 …" 눅 3:7

회개에 합당한 열매를 맺어야 한다.
그런데 그것마저도 주님은
우리와 함께해주시고
우리를 도와주신다.

🕊️ 구원은 믿음과 행함

행위가 아닌
믿음으로 구원받는다는
바울의
말씀(롬 3:28, 10:10)과

사람은
행함으로 의롭게 되는 것이지
믿음으로만 되는 것이 아니라는
야고보의
말씀(약 2:24)은

전혀 다른 말씀이 아니라,
서로 보완해주는 말씀이다.

바울은, 당시에

할례도 받지 않은
자가 어딜 감히?

율법을 지켜야
구원을 받지!

라고 주장하는 유대교인들에게

아니, 율법 행위로 구원받는 게 아닙니다!!
행위가 아니라 예수님을 믿어야
구원받는 거예요!!
우리는 오직 믿음으로 하나님께
의롭다 함을 받는 것입니다!!

ㅇㅣㅎ

라고 말씀하신 것이다. 즉,

예수 그리스도를 믿기 전에
구원받기 위해 한 행동들은
무의미하다는 뜻이다.

반면, 행위 없는 믿음은 죽은 것이라고 말한 야고보는,

난 구원받았지!

믿으니까

믿음의 교리 ㅇㅋ인정

도와주세요

믿으면 땡 아니야?

오주여

예수님을 믿음에도
그에 걸맞은 행위를 하지 않는다면
구원은 없습니다!
행함이 없는 믿음은 쓸모가 없어요!
행함 없이 말만 하는 믿음이
진짜 믿음입니까?

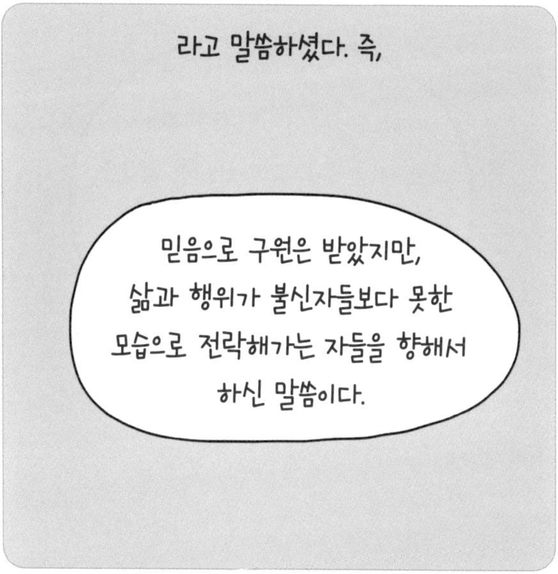

라고 말씀하셨다. 즉,

믿음으로 구원은 받았지만,
삶과 행위가 불신자들보다 못한
모습으로 전락해가는 자들을 향해서
하신 말씀이다.

평소 삶에서 믿음을 얼마나
행동으로 실천했는지에 따라서
마지막 심판 때에 최후의
평가가 내려질 것입니다.

하나님께서 사도들을 통해
오늘, 지금 우리에게 하시는 말씀을
성령님의 조명하심으로
올바르게 깨닫게 되길
기도합니다!

성경을 내 마음대로, 내 뜻대로 해석하는 순간
거짓의 영에 사로잡힌다.
하나님의 살아있는 말씀인 성경은
읽어도 되고 안 읽어도 되는 책이 아니다.
내가 읽고 싶은 부분만 골라 읽는 책도 아니다.
성경의 말씀이 구와 절로 나뉜 역사는 그리 오래되지 않았다.
성경 66권 전체가 오늘 우리에게 주시는 살아있는 말씀이다.
한쪽에 치우치지 않도록 깨어서 배워야 한다.
이단이 틈탈 공간 없도록.

이단에 속지 않으려면 올바르게 배워야 해요.
믿음과 믿음에 따른 행함 어느 한 가지도 빠지면 안 됩니다.
열매도 행동도 없는 무늬만 기독교인이 되지 않기를
간절히 바라고 기도합니다!

밝아진 것 같아

세상 어둠에 물들어 빛을 내지 못하고 있지는 않은지,
늘 제 삶을 돌아보게 하소서.
주어진 자리에서 하나님을 드러내는
빛의 자녀로 살게 하소서….

세상 사람들이랑 똑같이 살면서
때로는 더 악하게 살면서
이미 구원받았다고 착각하지 않게 하소서!

"거짓 선지자는 천국에 관해서만 얘기한다.
지옥의 형벌에 관해서는 얘기하지 않는다.
성경대로 얘기하라."
(담임목사님 설교 중)

너희는 세상의 소금이다. 소금이 짠맛을 잃으면,
무엇으로 그 짠맛을 되찾게 하겠느냐?
짠맛을 잃은 소금은 아무 데도 쓸 데가 없으므로,
바깥에 내버려서 사람들이 짓밟을 뿐이다.

마 5:13

시편 25편

주님,
주님의 길을 제게 보여주시고,

저는 종일
주님만
기다립니다.

〈시편 25편 4,5절 말씀〉

유일한 진리이신
예수님의 이름으로 기도합니다,
아멘.

예수님만 나의 주인

제 주인은
저도 아니고
세상도 아닌
오직 예수 그리스도
한 분이십니다….

하나님만을 주인으로 삼지 않은
저의 죄로 인해,
혼(생각, 이성, 감성)과
육(몸)에 지배받으며

저 자신도 통제하지
못한다며 자책해 왔어요.

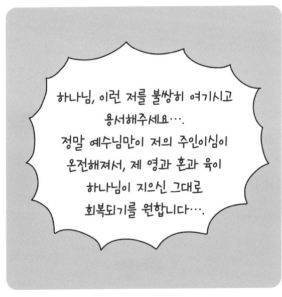

하나님, 이런 저를 불쌍히 여기시고
용서해주세요….
정말 예수님만이 저의 주인이심이
온전해져서, 제 영과 혼과 육이
하나님이 지으신 그대로
회복되기를 원합니다….

하나님의 영으로 가득 채워주세요!

영과 혼과 육의 질서가 회복되도록,
오직 하나님만을 주인으로 삼는 삶 살기를
기도합니다.

🕊 메리 크리스마스

하나님께서 만물,
즉 모든 것을 창조하셨다.

창조주 하나님은
하나님의 형상대로 사람을 만드셨고,
그 안에 하나님의 영을
불어넣어 주셨다.

하나님께서는 우리가 하나님이 우릴 위해
만들어주신 것들을 누리면서,
하나님만 의지하며 살아가길 바라셨다.

하지만 우리는
우리 마음속에 하나님 두기를 거절하고(롬 1:28)
<u>스스로</u> 하나님 되기를 선택했다.

이제 너도
하나님처럼 될 거야.

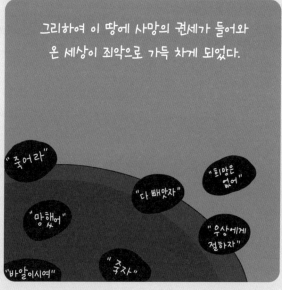

그리하여 이 땅에 사망의 권세가 들어와
온 세상이 죄악으로 가득 차게 되었다.

"죽어라"

"희망은
없어"

"다 빼앗자"

"망했어"

"우상에게
절하자"

"바알이시여"

"죽자"

그리고, 하나님이 지으신
육체가 있고 생각을 할 수 있는
모든 생명체 중에
유일하게 하나님의 영을 가지고 있던 인간에게
더 이상 하나님의 영이 존재하지 않게 되었고

하지만 우리를 너무나 사랑하시는
하나님께서는
죄에 빠져
사탄이 시키는 대로 살아가는 우리를,

포기하지 않으셨다.

하나님께서
외아들 예수님을
우리에게 보내주신 건

기독교인들에게만 국한된 사건이 아니다.
전 인류의 운명을 바꾼 놀라운 기적이다.

당신이 만일 예수를 주님으로 입으로 고백하고,
하나님께서 그 죽은 사람들 가운데서 살리신 것을
마음으로 믿으면 구원을 얻을 것입니다.

롬 10:9

내 마음대로 창조주를 버리고
스스로 주인 되어 살아가던,
사망의 길에서 살고 있던 우리에게,
유일한 구원자이신 예수님을 보내주신 이 은혜를
온 세상이 기뻐하게 하소서!

유일한 구원자이신 예수님을
삶의 주인으로 믿으면
사망에서 생명으로 옮겨집니다
기뻐하세요♡

이 땅의 삶이 끝이 아니에요!
예수님은 다시 오십니다.
그 때에 모든 죽은 자들은 부활하고
예수님은 이 땅을 심판하십니다.
천국도 있고 지옥도 있고
하나님도 살아계십니다.
그리고 그분은 놀랍게도,

우리를 사랑하십니다….

#메리크리스마스
#merryCHRISTmas

중보기도

그럴 때
필요한 건!

영적 방해를
물리칠 힘을 주시고
영적 침체를
이겨내도록

기도의 동역자들에게
중보기도를 요청하는 것이다.

설령 멀리 떨어져 있어
만나지 못한다 해도,

연약하고 도움이 필요한 영혼을 위해
예수님의 이름으로 하는 중보기도는

언제나 강력하니까!

#중보기도_힘
#만나지 못해도
#서로를 위해
#기도해요
#영적전쟁에서
#승리하도록!

주일예배, 새벽예배,
공동체의 모임들이 모두 정지된 요즘,
영적인 침체를 어떻게 이겨내야 하는지,
하나님과 멀어진 것 같아서 너무 슬픈데
어떻게 해야 할지 모르겠다는 디엠이 정말 많이 온다.
물론 영적 침체를 감지하는 것 자체로도
참 감사한 일이다.
내 안에 성령님이 계시다는 뜻이니까….
서로를 위해 기도해주는 공동체를
비록 만날 수는 없어도,
그 교제의 끈을 놓지 않았으면 좋겠다.
아파하는 영혼, 죄를 못 이겨 괴로워하는 영혼,
슬픔에 빠진 영혼,
나태함에서 헤어나오지 못하는 영혼,
길을 잃은 영혼….
그 영혼들을 위한 중보기도들이 절대 끊어지지 않기를…
"간절히 기도합니다…"

예수님의 이름으로 하는 중보기도의 강력한 힘을
마구마구 발사하시길!!!

🕊️ 교회의 목적

그치만
하나님을 따른다고 하면서도
결국 삶에서 자신의 욕망을
전혀 버리지 못하고,
하나님 없이
살아가는 사람들이
교회 안에 많은 건 사실이야….

그래도 하나님 사랑을
제대로 깨닫지 못한 채
여전히 죄를 반복하는 사람들에게
너무 상처받지는 마….
누군가는 하나님을 잘못 알고 있는
불쌍한 이들이기도 하니까

예수님이 저를 기다려주셨듯
저도 그럴 수 있도록 도와주세요.
그 크신 은혜 받아놓고
정작 저는 피해받고 싶지 않다며
교회 안에서든 밖에서든,
저 혼자만 편한 종교생활 하지 않게 해주세요.
저희가 주 안에서 하나 됨을 기뻐하시는
주님의 마음을 알려주시고,
그리스도의 몸 된 교회로서 살아가게 해주세요!

진짜 적

사탄이다.

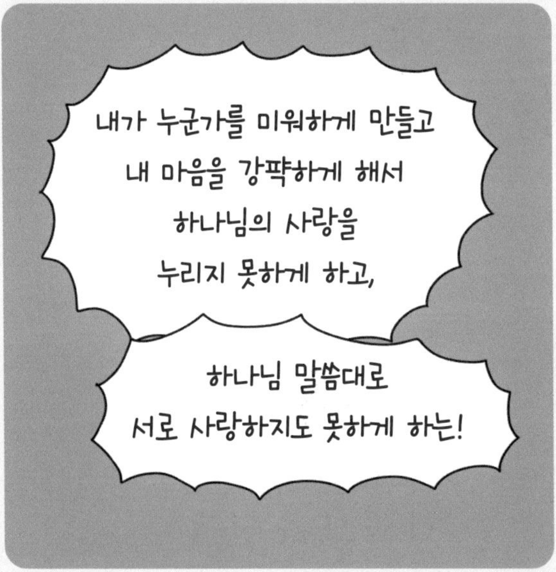

내가 누군가를 미워하게 만들고
내 마음을 강퍅하게 해서
하나님의 사랑을
누리지 못하게 하고,

하나님 말씀대로
서로 사랑하지도 못하게 하는!

보이지 않는 영적 세계에 눈 뜨게 하소서.
예수님의 이름으로,
진짜 적을 대적하게 하소서!

한 몸

어떤 이는
왼손잡이다.

어떤 이는
오른손잡이고

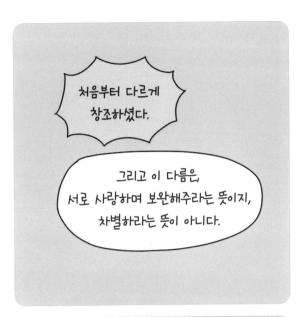

처음부터 다르게
창조하셨다.

그리고 이 다름은,
서로 사랑하며 보완해주라는 뜻이지,
차별하라는 뜻이 아니다.

하나님은 우리를
창조하신 뜻에 따라
남자와 여자가
서로 사랑하고
한 몸 되게 해주셨다
(창 2:24).

그런데, 어떤 이들은
남자와 여자가 아닌,
자신과 같은 성(性)의 사람을
사랑(Eros)한다고 말한다.

다른 걸까?

단지 취향이 다르고,
오른손잡이, 왼손잡이가 다르듯이
그냥 다른 것일 뿐일까?

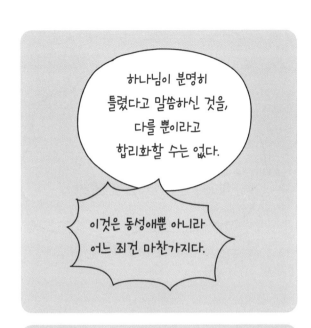

그리스도인으로서
이 시대에 만연하는
거짓 진리에 속으면 안 된다.
맞고 틀림의 진리는 성경뿐이다.

#바른가
#다른가
#하나님없이는
#다 뒤섞인
#대혼돈일뿐

바른가, 다른가?
하나님 없이는 다 뒤섞인 대혼돈일 뿐!
하나님께서 틀렸다고 하신 것을
다른 것일 뿐이라고 합리화하는
죄를 멈추게 하소서!

서로 돕는 한 몸

하나님!
이 땅의 수많은 영혼에게
주의 복음이 전달되도록
저희를 통해 일해주세요!!

아멘

우리는 주의 교회이고
주의 백성이에요!
서로에게 선을 행하고 가진 것을
나눠주기를 소홀히 하지 않기를(히 13:16)!
그렇게 하나님의 사랑으로 서로 돕는
한 몸 되기를 기도합니다♡

여러분

함께해요

감동보다 복음

단순한 공감이나 스쳐 지나가는 감동이 아니라,
진짜 구원이 있는 예수님의 복음을 전하는 사람으로
쓰임 받길 간절히 기도합니다.
복음을 전하는 능력은 하나님께 있으니,
제가 하나님과의 깊은 교제를
매 순간 놓치지 않게 해주세요….

하나님과의 교제 없이는 한 글자도 못 쓰게 하소서!!!

제가, 그리고 이 책을 읽고 있는 당신이,
주님을 진짜 믿기를 간절히 기도합니다.

주님을 믿는다고 하지만,
삶에서는 계속해서 주님이 아닌
다른 눈에 보이는 것들을 의지하던 우리가,

주의 말씀이 진리라고 하지만,
실제로 일어날 일은 아니라며 가볍게 여기는 우리가,

천국을 소망하고 심판을 준비하기보다는
이 땅에서 어떻게 하면
더 잘 먹고 잘살지만 걱정하는 우리가,

말로는 주님을 믿는 자라고 하면서
내 옆에 있는 이들, 내게 도움을 요청하는 이들,
나를 어렵게 하는 이들에게
세상 사람들과 다를 바 없이 대하던 우리가,

사실은
주님을 전혀 믿지 않던
나와 당신이,

진짜,
진짜,
진짜로 주님을 믿게 되기를
간절히 기도합니다.

젠틀 위스퍼

초판 1쇄 발행	2022년 2월 14일
지은이	최세미

펴낸이	여진구		
책임편집	최현수		
편집	이영주 정선경 진효지 안수경 김도연 최은정 김아진 정아혜		
책임디자인	마영애	노지현 조은혜		
기획홍보	김영하		
마케팅	김상순 강성민 허병용	마케팅지원	최영배 정나영
제작	조영석 정도봉	경영지원	김혜경 김경희

303비전성경암송학교 유니게과정　박정숙 최경식
이슬비전도학교 / 303비전성경암송학교 / 303비전꿈나무장학회　여운학

펴낸곳	규장

주소　06770 서울시 서초구 매헌로 16길 20(양재2동) 규장선교센터
전화　02)578-0003　팩스　02)578-7332
이메일　kyujang0691@gmail.com　　　홈페이지 www.kyujang.com
페이스북 facebook.com/kyujangbook　　인스타그램 instagram.com/kyujang_com
카카오스토리 story.kakao.com/kyujangbook
등록일 1978.8.14. 제1-22

ⓒ 저자와의 협약 아래 인지는 생략되었습니다.
이 출판물은 저작권법에 의해 보호를 받는 저작물이므로 무단 전재와 무단 복제를 할 수 없습니다.

책값　뒤표지에 있습니다.
ISBN　979-11-6504-288-2 03230

규 | 장 | 수 | 칙

1. 기도로 기획하고 기도로 제작한다.
2. 오직 그리스도의 성품을 사모하는 독자가 원하고 필요로 하는 책만을 출판한다.
3. 한 활자 한 문장에 온 정성을 쏟는다.
4. 성실과 정확을 생명으로 삼고 일한다.
5. 긍정적이며 적극적인 신앙과 신행일치에의 안내자의 사명을 다한다.
6. 충고와 조언을 항상 감사로 경청한다.
7. 지상목표는 문서선교에 있다.

하나님을 사랑하는 자 곧 그의 뜻대로 부르심을 입은 자들에게는 모든 것이 合力하여 善을 이루느니라(롬 8:28)

Member of the
Evangelical Christian
Publishers Association

규장은 문서를 통해 복음전파와 신앙교육에 주력하는 국제적 출판사들의
협의체인 복음주의출판협회(E.C.P.A:Evangelical Christian Publishers
Association)의 출판정신에 동참하는 회원(Associate Member)입니다.